U0792450

徐建坡　郭云峰　赖立松　主编

# 种植业绿色防灾减灾技术手册

中国农业出版社
农村设物出版社
北　京

**主　　编**　徐建坡　郭云峰　赖立松

**副 主 编**　郑爱军　侯海鹏

**编写人员**（按姓氏笔画排序）

于美荣　于澎湃　王锐竹　勾贺明　邓永卓

卢东琪　付婷婷　邢　硕　吕秋岩　刘长虹

刘志杰　刘春林　孙　洋　杜佳林　李　冰

李　丽　李　健　李　翔　李志强　李宏伟

李洁琼　李海燕　杨永安　吴建金　张建民

陈子学　陈洪金　郑艳坤　赵丽华　郝宝娟

侯正仿　顾中华　高金权　蒋　彰　谢　静

甄少华　蔡　青　潘国峰

# 前言 FOREWORD

《种植业绿色防灾减灾技术手册》一书由天津市农业发展服务中心组织编写，是一本适合天津市主要作物生产的防灾减灾技术手册。

本书共分九章，以低温冷害、春季大风、干旱、干热风、高温、高湿寡照、洪涝、风雹、阴雪雾霾等自然灾害为主线，涵盖了水稻、小麦、玉米、棉花、设施蔬菜5类主要作物的应变栽培管理技术，构建了天津市主要作物绿色防灾减灾技术体系。从而减少生产中自然灾害对作物生产造成的损失，保证作物产能，提高作物抵御风险能力，提升作物绿色生产科技水平。

本书图文并茂，遵循通俗易懂、简单实用的原则，以期为作物生产者和相关技术人员提供帮助。

编　者

2023年1月

# 目录 CONTENTS

# 第一章　低温冷害

## 第一节　小　麦

春季小麦“倒春寒”危害是天津市常发性灾害，需加强预防。

### 一、主要预防技术措施

**1. 科学镇压，合理控旺**

对于旺长田块，可通过镇压控制小麦生长速度，避免其过早拔节。为提高镇压效果，早春镇压应注意镇压时间，以回暖天气（最高气温超过 3 ℃）的中午前后、麦苗解冻变软、地表坷垃解冻变酥后进行为宜。

**2. 科学灌水，保温保苗**

密切关注天气变化，在气温下降之前灌水。由于水的比热容比空气和土壤的比热容大，早春寒流到来前浇水能使近地层空气中水汽增多，在发生凝结时放出潜热，以减小地面温度的变化幅度。有浇灌条件的地区，在寒潮前浇水，可以调节近地面层小气候，对防御早春冻害效果很好。

**3. 科学化控，抗逆稳产**

在小麦返青后和早春寒流来临前及时喷施吨田宝（抗逆型）或碧护等植物生长调节剂，提高小麦抗逆性。

## 二、对已形成冻害的冬春麦田可采取的措施

**1. 及时追肥，增加营养**

对处于拔节初期的冬小麦立即浇水施肥，每亩*随水追施尿素 10 kg，使受冻小麦尽快恢复生长，促蘖快长、成穗。春小麦三叶一心期采取上述措施进行肥水管理。

**2. 及时化控，促控结合**

植物生长调节剂碧护对小麦恢复生长具有明显的促进作用，建议对受冻害的冬小麦每亩用 3 g 兑 15 kg 水进行叶面喷施。小麦遭受低温冻害后，抗病能力降低，极易发生病虫害，应同时喷施杀菌杀虫剂，防治病虫害。

在春小麦拔节期，建议每亩用吨田宝（抗倒伏型）40 mL 兑 15 kg 水，进行叶面喷施，降高防倒。

**3. 肥水管理，防止早衰**

由于受冻麦田植株体内消耗的养分较多，后期容易发生早衰。在春季第 1 次追肥的基础上，看麦苗生长发育状况，按照麦苗的需要，在冬小麦拔节后期，每亩随水追施

---

* 亩为非法定计量单位，1 亩≈667 $m^2$。

尿素10～15 kg，促使冬小麦穗大粒多，提高其粒重，争取把冻害损失降到最低程度，提高小麦当年产量。春小麦达到拔节期时，采取上述措施进行肥水管理。

低温对小麦叶片和麦穗的伤害见图1－1和图1－2。

图1－1　低温造成叶片冻伤褶皱

图1－2　低温造成麦穗发育畸形

## 第二节　玉　　米

天津市在4月上中旬常会出现低温天气，这一时期早春播种的玉米大多处于苗期。玉米三叶期以前在0℃时不至于冻死，短时间（4～5 h）的－3～－2℃低温后也能恢复，四至五叶期仍能抵御轻微霜冻。随着叶片增多，抗低温冷害的能力逐渐减弱。在正常播深情况下，玉米出苗至四叶期以前，其生长点处在地表以下3 cm 左右，随着幼苗的生长发育及叶片的分化，生长点逐渐上移，至拔节期到达地表以上。所以，玉米在拔节期以前具备一定的抗低温冷害能力。

玉米苗期虽然有一定的抵御低温的能力，但若降温幅度过大或苗龄偏大，也会对玉米生长发育造成不利影响。在低温天气来临时，如果玉米苗龄偏大，或降温幅度较大、持续时间较长，轻者致幼苗受冷害，影响幼苗正常生长发育；严重时致幼苗受冻害，玉米有绝收的风险。所以，早春播种的玉米苗期预防低温冷害及冻害，是确保玉米丰产稳产的重要技术措施。

对不同部位受害玉米苗的具体管理技术措施如下。

**1. 叶尖部分受冻**

玉米苗叶尖部分受冻，对后期产量影响不大，进行正常的水肥管理即可。

**2. 叶鞘已受冻但生长点尚未受冻**

对叶鞘已受冻但生长点尚未受冻的玉米苗，待气温回升正常后 2～3 d，用剪刀剪去受冻卷曲的叶片，以利于心叶及早抽出；为促使受冻玉米快速生长，可在叶面喷施植物生长调节剂［碧护、吨田宝（抗逆型）］或磷酸二氢钾，待玉米生长到拔节期时每亩每次用磷酸二氢钾 100 g 兑 45 kg 水连续喷雾 2 次，以促使玉米快速生长。

### 3. 生长点已冻死

对冻害较为严重且生长点已冻死的玉米苗，应采取补苗措施。

低温冷害对玉米苗期的影响见图 1－3。

图 1－3　玉米苗期低温冷害

## 第三节　水　　稻

每年 4 月上中旬，是天津市水稻育秧的播种期。在这段时间内，受北方冷空气影响，天气多变，常常出现低温大风天气，一般持续时间为 1～2 d，最长可持续 5～7 d，严重影响水稻育秧安全（图 1－4、图 1－5）。

图 1-4　春季大风严重影响育秧

图 1-5　低温大风易造成秧苗感病

可采取如下措施进行防御，保证水稻育秧安全。

**1. 适期播种**

天津市水稻适宜播种期为 4 月 8—15 日，盲目提早播种，将大大增加遭遇低温大风天气的概率，造成不必要的损失。

**2. 选用适宜的育秧方式**

因露地平铺育秧方式受外界环境影响大，抗低温能力差，有棚室条件的，应采用智能温室、冷棚等育秧方式，无棚室条件的，应采用小拱棚育秧方式（图1-6～图1-8）。

图1-6　小拱棚育秧

图1-7　冷棚育秧

图 1-8　智能温室育秧

**3. 增加保温措施**

棚室育秧须在摆好的秧盘上覆盖一层无纺布；小拱棚育秧是在摆好的秧盘上覆盖塑料薄膜，在竹拱上覆盖无纺布。使用的无纺布每平方米重量应不低于 35 g，塑料薄膜厚度应不低于 0.01 mm。

**4. 科学灌溉**

拱棚育秧条件下，秧苗揭膜后，遇低温大风天气，可灌深水保温，灌水深度应达到秧苗高度的 1/2 以上；低温初晴秧田排水不宜过急，应逐渐降低水层，防止生理失水。

## 第四节　棉　　花

4 月至 5 月初，棉花播种至出苗后苗期阶段，常遇低温影响。针对低温天气的主要预防措施是采取棉花适期播种，播期以 5 cm 地温稳定通过（5 d 平均）14 ℃为基本标准，天津市一般 4 月 15—28 日为适宜播种期，在适宜播期内，关注天气情况抢“冷尾暖头”播种。如播种出苗后再遇低温影响，特别是苗期遇低温阴雨天气易发生立枯病、炭疽病、红腐病、猝倒病等苗期真菌性病害，对棉花苗期生长不利（图 1－9）。

图 1－9　苗期低温阴雨诱发苗病

应重点做好以下管理措施。

中耕松土，破除板结，提高地温，晚些堵放苗孔进行通风晾晒，是防棉苗发病的有力措施。

生长势较弱的棉田可喷施植物生长调节剂碧护 3 g/亩，提高棉苗抗逆性，减轻苗病发生。

对已开始发生病害的棉田，发病初期及时用安克·锰锌、甲霜灵、苗菌敌、立枯净等药剂进行根茎喷雾防治，5～7 d 喷 1 次，连喷 2～3 次。

注意及时防治棉蚜等苗期虫害。

## 第五节　设施蔬菜

所谓“倒春寒”，就是春季在气温回升过程中，冷空气回流，气温骤然回落，出现大幅度降温、骤冷的天气，降温幅度达 5～10 ℃，气温降到 5 ℃甚至 10 ℃以下。设施蔬菜遇到骤然低温，其生理机能出现异常，如叶片或果实等表现各种异常状态。棚内常见症状有干叶、黄化、萎蔫、畸形花果、落花落果、早花或早抽薹等。“倒春寒”天气，几乎在每年都有发生，“倒春寒”来临时，往往伴有风、雨、雪等恶劣天气，对春季蔬菜生产造成严重威胁。因此，采取有效措施，预防早春蔬菜因“倒春寒”发生异常现象，很有必要。

**1. 加固棚体，保障安全生产**

对于老旧设施，可采用在棚室内部增设立柱等方法加固棚体，增加承载能力；雨雪天气时撤掉外部辅助保温覆盖物，如保温被、草苫等，并覆盖一层薄膜，保持棚面光滑，使棚上积雪能够顺利下滑，以减轻棚体负载，同时下雪较大时应有人值守，随时清除棚室上的积雪；另外及时检查压膜线，发现松动的及时紧固，并更换老旧压膜线，保证塑料覆盖物稳固，以应对春季大风天气。

**2. 苗期培育壮苗，定植前适时炼苗**

幼苗健壮，抵御不良环境的能力才会提高。幼苗管理应注意加强光照，控制苗床的温湿度，防止出现“高脚苗”。

定植前适时炼苗。在移栽定植前 7～10 d 进行炼苗，一般定植前 5～7 d 进行控温、控水、适当通风；定植前 3～4 d 继续降温、控水、全面通风等，以促使幼苗完全适应移栽后的环境。炼苗的时间既不可过长也不可过短，炼苗时间过短，起不到壮苗健株的作用；而炼苗时间过长，又容易形成老化苗，不仅不利于缓苗，还容易早衰，对后期生长十分不利。

炼苗期间，白天温度可以略高，喜温性蔬菜可以达到 15～20 ℃，耐寒性蔬菜可以达到 15～18 ℃；夜间温度可以略低，12 ℃左右。在保证幼苗不受冻害的限度下，尽量降低夜间温度。值得注意的是，降温要逐步进行、控水要适当、通风要由小到大，千万不要跨度太大。

**3. 注意保温、增温和补光，保证秧苗安全**

对于已经定植的设施或育苗设施，除加固棚体外，要注意保温、增温和补光。仔细检查棚膜，发现跑风漏气的地方及时进行封堵，在棚室内部增设小拱棚或临时增温、补光设备，如电暖炉、燃烧块、补光灯等，在日光温室前底角、塑料大棚四周围挡草苫、保温被等，以增加棚室的保温及增温能力，保证定植的秧苗在“倒春寒”或雨雪天气时的低温寡照条件下安全生长。

**4. 合理水肥管理**

寒流来临前，棚室蔬菜尽量不要浇大水，以防地温明显下降，造成冻根、沤根现象。低温阴雨天气，建议采用烟熏剂或粉尘剂防治病虫害，避免增加棚内湿度。

在霜冻发生前，用喷雾器对植株表面喷水，可使植株温度下降缓慢，还可以增加大气中水蒸气含量，水汽凝结放热，以缓和霜害。

在后期，结合浇水及时追肥。但一般在施足底肥的情况下，蔬菜定植以后的用肥量并不多，主要任务就是促进根系生长。此外，要用好各类功能性肥料，比如菌肥和生根肥等。

**5. 注意保花保果，科学使用植物生长调节剂**

低温不容易坐果，在目前生产上，早春番茄多采用防落素等植物生长调节剂来防止落花落果，植物生长调节剂的应用要按说明书，使用浓度不可过高，以防发生药害和产生畸形果。

**6. 提早防范病虫害**

春季由于干湿交替，白粉病、叶霉病、灰叶斑病等病害进入高发期，应重点做好已有病害的防治。

对于虫害来说，烟粉虱、蓟马、叶螨等小型害虫春分后开始大量发生。此类害虫体型小，可在棚内越冬，一旦气温升高，条件适宜，虫害极易暴发，要注意设置粘虫板等，提早发现，提早用药。

此外，随着气温升高，外界害虫开始萌动，尤其是3月上中旬开始，大蒜、韭菜等田间的韭蛆危害早、发生重，要重点预防。蛴螬、金针虫等地下害虫也开始向地表移动，要做好提前预防工作。

**7. 及时抢播、补救，迅速组织生产自救**

灾害发生后要及时抢播育苗，迅速组织生产自救。对受害较轻的田块，抓紧补苗，更换受损秧苗；对于受害较重的田块，可抢播一批生育期短、耐寒性强的蔬菜如菠菜、油菜等以减少损失。

# 第二章 春季大风

## 第一节 小 麦

在小麦孕穗期（4 月底至 5 月初），天津市常出现风雨天气，受此天气影响，麦田易出现倒伏。倒伏主要以茎倒和根倒为主，不仅影响籽粒灌浆，也在一定程度上影响机械收获（图 2-1）。

图 2-1 大风造成小麦植株倒伏减产

针对此类问题，可采取以下技术措施。

**1. 科学救灾，自然生长**

小麦倒伏3～5 d后，穗部能自然翘起。生产实践证明，绑扶容易造成茎秆折断，导致产量受损。因此，对倒伏后的麦田，不要盲目进地采取绑扶措施，应让其自然恢复生长，减少不必要的损失和人工投入。

**2. 加强病虫害防治**

降水倒伏发生后，小麦植株抵抗病害能力降低，加之田间湿度过大，常发生蚜虫、白粉病、锈病等，应及时控制病虫害的发生。待倒伏小麦上部穗节基本恢复伸直时，及时喷洒杀虫灭菌药剂，减少倒伏后病虫害带来的产量损失。建议每亩用20%呋虫胺悬浮剂30 mL＋45%戊唑·咪鲜胺悬浮剂25～30 mL兑30～40 kg水均匀喷雾。

**3. 叶面调节，养根护叶**

倒伏发生后，茎秆叶片互相重叠，群体郁闭，群体内通风透光条件极差，影响叶片光合作用和籽粒干物质积累，加之雨后高温天气易造成根叶早衰。应及时喷施植物生长调节剂碧护和叶面肥，促进籽粒灌浆，防干热风、防早衰，增加粒重。建议每亩用碧护3 g兑30 kg水叶面喷施，每亩喷洒磷酸二氢钾（每亩150～200 g）溶液或10%的草木灰水溶液（每亩50～60 kg）等，以促进生长和灌浆，尽量减轻因倒伏造成的减产。

**4. 适时收获**

倒伏发生后，小麦成熟期穗部易发霉，导致籽粒商品性差，应于籽粒蜡熟期或完熟初期使用小麦联合收割机及时收获；对于倒伏严重的麦田，可以进行适当绑扶以利于收割，减少籽粒损失。

**5. 春小麦灾情分类，科学救灾**

春小麦在5月初前后正值灌浆初期，遇大风、冰雹天气会导致麦田发生倒伏，按照倒伏程度等级划分，进行科学救灾。

倒伏等级1～2级对产量影响不大，不采取任何措施，让其自然恢复生长即可，减少不必要的损失和人工投入。

倒伏等级3～4级对产量影响中等，及时喷施碧护和戊唑醇等药剂，减轻病害发生情况，稳定小麦产量。

倒伏等级5级以上（含5级）的，建议适时改种其他应季作物。

## 第二节 棉 花

5月天津市大风天气比较频繁，棉花处于苗期且茎叶正处于幼嫩阶段，受大风影响容易造成棉田大面积叶片破损甚至主茎断头情况（图2-2）。针对春季大风天气，5月初棉苗刚出土阶段，应及时关注天气预报情况，采取早通风晚放苗的措施，棉苗出土后，及时在出苗带上每间隔

1 m 左右打一通风孔，避免膜下高温烫伤棉苗，及时通风后可让刚出土的棉苗在膜下进行一段时间锻炼，尽可能躲过大风天气放苗，但棉苗放苗后遭遇大风天气会造成棉苗损伤。

图 2－2　苗期大风造成棉苗子叶枯萎

针对以上情况可采取以下措施。

叶片破损和断头但有生长点的棉田，根据实际情况加强管理。每亩喷施碧护 2 g 或芸薹素内酯 6 mL＋生根壮苗剂 30 mL，5 d 左右交替喷施。

由于棉花属于再生能力和补偿能力较强的作物，缺苗面积小于 1 $m^2$，切忌补种，一般利用棉株自身补偿能力，不会造成减产。棉田中缺苗面积较大的地块，可补种大豆等矮秆作物。

棉田出现大面积斑块状死苗，且死苗率超过50%的棉田，可以毁种，改种其他作物。棉株断头，整株生长点萎蔫的棉苗难以缓苗，认定为死苗；棉株断头，但有明显腋芽生长点，且生长点未受损的，不认定为死苗。

注意观察棉蚜等苗期害虫的发生情况，发现棉蚜等害虫及时用药剂防治。

# 第三章　干　旱

## 第一节　小　麦

惊蛰前后正值冬小麦返青重要时期。气候已逐渐转暖，若有效降水明显不足，麦田易出现干旱问题，对冬小麦春季苗情转化不利（图 3－1）。对“雨养旱地”麦田和未浇越冬水或浇越冬水过早、旱象较重麦田，要抓紧浇水施肥，喷施植物调节剂，以保苗促生长、抗旱防春寒。

图 3－1　干旱造成麦田失墒、麦苗枯黄甚至死亡

群体不足、个体较弱麦田和有脱肥现象的旺苗麦田，要结合浇水适量追施氮肥。浇水要适量，避免大水漫灌，随水追施尿素 8～10 kg/亩，促进春季分蘖，巩固冬前分蘖，增加小麦亩穗数。

群体适宜、个体较壮麦田和无脱肥现象的旺苗麦田，只浇水不追肥，浇水以缓解旱情为主，避免大水漫灌。

没有水浇条件的旱地麦，及时进行镇压保墒。镇压可以压碎坷垃、沉实土壤、弥合裂缝，使土壤与根系紧密，促使深层土壤水分上升，减少水分蒸发，提高小麦抗旱能力。镇压要在中午前后进行，结合划锄，先压后锄。镇压时一般顺垄压，不可过快；划锄时要锄细、锄匀、不压麦苗。

选择碧护、吨田宝（抗逆型）等植物生长调节剂进行叶面喷施，以促进根系生长，提高抗旱抗寒性。

## 第二节　玉　　米

天津市在 6 月下旬至 7 月中旬一般会出现持续的高温干旱天气，农田会出现不同程度的旱情，此时期春玉米大多处于大喇叭口期至抽雄期，是需水的关键时期，夏玉米处于出苗阶段（图 3－2）。

对不同生育阶段的玉米建议采取以下管理技术措施。

图 3-2　玉米苗期干旱

**1. 科学灌溉**

播种期干旱：播种期土壤墒情低，播种后应及时灌溉，以保障播种全苗；灌溉量不宜太多，每亩 20 $m^3$ 左右。

拔节期至抽雄期干旱：大喇叭口期为水分敏感期，如果土壤相对含水量低于 70%，应及时灌溉，避免出现“卡脖旱”影响玉米抽雄和散粉，灌溉量每亩 40～60 $m^3$。

开花期至灌浆期干旱：开花至灌浆期，土壤相对含水量低于 70%时，应及时灌溉，灌溉量每亩 40～60 $m^3$。

灌溉时尽量避免白天高温时段，最好在 10:00 之前和

18:00以后。

**2. 查苗补苗、苗期除草**

对夏玉米缺苗断垄严重的地块，尽快坐水补种，未进行土壤封闭除草的地块，尽早进行苗后除草。上述措施均应在玉米三叶期以前进行。

**3. 加强中耕**

破除土壤板结、抑制水分散失、除草具有促进根系生长，增强抗逆性等作用。尤其对于夏玉米，早中耕可促进苗期生长。

**4. 推迟化控或减量化控**

因干旱部分抑制了玉米生长，对准备进行化控的春玉米，应根据植株长势，适当推迟化控、减量化控。

**5. 喷施叶面肥或生长调节剂**

可喷施磷酸二氢钾、抗蒸腾剂和碧护等，补充营养和调节植株生长。一般喷施2～3次，每次间隔7～10 d。

**6. 注意虫害防治**

注意防治红蜘蛛、玉米螟、黏虫等害虫。

## 第三节　水　　稻

天津市春夏之交，气候多干旱少雨，加之温度迅速升高，部分稻田会因干旱出现干尖现象，这一现象在盐碱地上尤为突出（图3-3）。此时天津市水稻正处于缓秧至分蘖期，干旱会造成秧苗大缓秧、分蘖减少，每亩穗数降低。

图 3-3　干旱条件下水稻受盐碱危害状

天津市稻田多为盐碱地，不宜浅水分蘖。因此，灌溉条件较好的稻田，要及时做好稻田灌溉，最大限度地保证水层深度，水深应达到苗高的 1/2～2/3；灌溉条件较差的稻田，必须打开排水沟，循环使用灌溉水，以降低灌溉水含盐量。

## 第四节　棉　　花

棉花是较耐旱作物，但天津市春夏连旱气候出现概率比较大，尤其是棉花蕾期至花铃前期，遇长期干旱胁迫概率较高，而蕾期至初花期持续遇旱，棉株营养体生长受限，棉田有效果节数和亩铃数均减少，生育中后期易早衰，铃重降低，从而对棉田整体产量的形成具有较大影响（图 3-4）。如有灌溉条件，建议出苗后至 6 月 10 日前后若无有效缓解旱情的降水，应在不晚于 6 月 25 日浇水抗旱（浇水要小水，速灌速排）。

图 3-4　长时间干旱胁迫使棉株营养体生长受限

如棉田无灌溉条件建议采取以下措施，尽可能降低干旱对棉田产量形成的影响。

**1. 根部追肥措施**

底肥未施用氮缓释型肥料的棉田，且截至 7 月上中旬尚未追肥的棉田，如遇降水，可结合降水并根据基础地力情况酌情施用尿素 5～7.5 kg/亩，切忌过量施用速效氮肥。底施氮缓释型肥料的棉田，可不追肥。

**2. 叶面喷肥措施**

干旱影响棉株对土壤养分转移吸收，在初花期以前，如果棉田顶部果枝表现出生长缓慢迹象，应及时喷施叶面肥（1%的尿素+0.5%磷酸二氢钾），可每隔 7～10 d 喷施 1 次，结合化控、治虫等措施连续喷施，直到旱情缓解，根部追肥措施和叶面喷肥可同时进行。

**3. 化控措施**

长期干旱气候持续，棉田打顶时间可稍推迟，并采取“打大顶”方式，一般打顶前后应进行 1 次化控，缩节胺用量 2～4 g/亩（打顶前旱情未缓解少喷，2 g/亩左右即可，打顶前后旱情缓解一般应按 4 g/亩左右喷施），一般打顶后 10 d 左右再进行 1 次缩节胺重控，用量建议 4～8 g/亩，缩节胺喷施量掌握的原则同样根据棉田旱情缓解和长势情况确定。

提醒：特别注意，持续干旱后中下部果枝结铃较少，雨后旱情缓解后要及时加强化控措施，否则棉田有中上部果枝和赘芽疯长的风险，喷施缩节胺 4～6 g/亩，8 月初棉田营养生长趋势仍较旺的棉田应再进行 1 次重控，缩节胺喷施量 6～8 g/亩。

**4. 加强盲蝽、红蜘蛛的防治**

越是旱年越要特别注意加强对盲蝽的防治，特别是旱情缓解后上部果枝有旺长趋势的棉田，化控措施必须与盲蝽防治同时加强。盲蝽防治时间选择傍晚或清晨。

干旱气候有利于红蜘蛛等害虫的蔓延，要及时关注和防治，可在药剂中加少量柴油以增强对红蜘蛛的防治效果。

**5. 疏通排水渠道**

建议应提前疏通棉田排水渠道，如遇强降水能及时排涝施药，且应加强统防统治，以提高干旱防治效果。

# 第四章　干 热 风

## 小　麦

干热风是小麦生育后期的一种常发性气象灾害。干热风发生时，气温≥34 ℃、风速 3 m/s、相对湿度≤25%，一般可持续 3～4 d。小麦受害后一般减产 5%～10%，个别严重的可达 20%以上。干热风会造成小麦早衰、倒伏以及千粒重降低（图 4－1）。

图 4－1　干热风对小麦造成危害

## 一、主要危害

### 1. 植株失水加剧

受到干热风的影响，小麦蒸腾作用的速度会大幅加快，导致小麦植株失水过多，造成体内外的水势差增大，进一步加快小麦水分流失的速度。

### 2. 根系吸收能量下降

干热风会导致根系的活力下降，严重影响根部对于水分和养分的吸收，造成根系伤流量减少。

### 3. 灌浆速度减慢

在干热风下，小麦光合速度下降，光合产物的合成、转化、运输受到影响，灌浆受到了抑制，导致小麦灌浆不满甚至灌浆停止，导致小麦籽粒干瘪早熟，降低产量和品质。一般情况下，干热风会造成减产10%～20%，严重时会导致产量下降30%。

## 二、主要预防措施

### 1. 浇足灌浆水

在小麦进入灌浆期时，天气大多数处于高温、干旱、强风的条件下，水分的蒸发量比较大。而适时浇足灌浆水可以保证土壤水分、延缓小麦根系早衰、增强光合作用，从而有效预防干热风。

**2. 喷施叶面肥及植物生长调节剂**

在小麦抽穗至灌浆期，可每亩用0.3%磷酸二氢钾80 g+吨田宝（抗逆型）50 mL兑15 kg水叶面喷施。改善小麦的生理机能，增强对干热风的抵抗能力。

# 第五章 高　　温

## 第一节 玉　　米

7月是天津市气温最高月，此时期，夏玉米大多处于营养生长阶段，春玉米大多处于抽雄开花期至灌浆期。玉米灌浆最适温度为24～26℃，若灌浆期温度持续≥33℃，后果一是缩短生育期和灌浆期，光合产物向穗部转移率下降；二是呼吸消耗增加；三是开花灌浆期遇高温干旱，会阻止花粉散发，降低授粉率，减少穗粒数，抑制灌浆，且植株根系早衰、叶片功能下降、千粒重降低，降低产量（图5-1）；四是引发病虫害，导致玉米大面积减产。

图5-1　玉米灌浆期高温干旱

玉米不同时期高温危害特征及对策如下。

**1. 大喇叭口期高温危害特征及对策**

（1）大喇叭口期为雌雄蕊分化期，亦为干旱高温敏感期，干旱或高温叠加，当温度超过 35 ℃时，容易造成雌雄穗各部位分化差异，可能出现雌雄不调、苞叶短小、顶端缺粒、畸形穗等现象，后期容易发生病虫害。

（2）大喇叭口期，如遇干旱或高温应及时灌溉，有助于提高空气湿度，缓解高温带来的不良影响；喷施叶面肥（如磷酸二氢钾 800～1 000 倍液），可降温增湿，增强植株抗逆能力。

**2. 抽雄扬花期高温危害特征及对策**

（1）抽雄扬花期，当日最高温度超过 30 ℃，空气相对湿度小于 60%时，或者日最高温度超过 35 ℃，容易发生高温热害，还会造成玉米秃尖、缺粒，影响穗粒数。

（2）遇持续高温，可适当灌水；采用人工辅助授粉；喷施叶面肥（如磷酸二氢钾 800～1 000 倍液），降温增湿，增强植株抗逆能力。

**3. 灌浆期高温危害特征及对策**

（1）灌浆期日平均气温高于 25 ℃时，不利于干物质的运输和积累，会降低千粒重。

（2）遇持续高温，应及时补充灌溉。有水浇条件的地块，及时灌溉，确保土壤墒情保持在田间持水量的 80%以上；可采取喷施叶面肥（如磷酸二氢钾 800～1 000 倍液），降温增湿，增强植株抗逆能力。

## 第二节　设施蔬菜

高温干热天气会给蔬菜生产造成不利影响，气温长时间超过 35 ℃将影响植株的正常生长，导致授粉受精不良、植株徒长、水分和养分吸收不利等，出现落花落果、营养吸收障碍、植株萎蔫、果实日灼加剧等现象，导致产量和品质下降。为有效减轻高温天气带来的不利影响，可采取以下技术措施。

**1. 遮阳降温**

遇高温天气及时在棚顶设置遮阳网，以降低棚内光照度。但需注意的是遮阳网不可全天覆盖，以免棚内光照不足，一般遮阳网在 10:00—15:00 设置为宜。在雨后转晴的天气，植株容易受损伤，要及时遮阳，以防日灼、烧叶等问题发生。露地栽培，在菜地上搭建简易遮阳棚，上面用树枝或作物秸秆覆盖，遮成稀疏的花棚，以达到降温的目的。

**2. 泼洒泥浆降温**

在棚膜上泼洒泥浆降温是最经济实惠的一种遮光降温措施，但是泥浆不耐雨水冲刷，下雨后晴天必须重新泼洒。用量可根据光照强弱和棚膜的透光性优劣进行调控，还可以选择泼墨汁等措施达到遮阳降温的目的。

**3. 降温剂降温**

可在温室大棚表面用喷雾器喷洒欧宝耐、立凉等降温产品（图 5－2），形成的白色反光涂层从而反射太阳光，其不怕雨淋，可有效降低棚内气温 2～3 ℃。

图 5－2　在温室大棚表面喷洒降温产品

**4. 设施行间铺设稻草降温**

设施内操作行间铺设稻草，由于稻草具有蓄热保湿性能，可对土壤和植株根际起降温保湿作用。

**5. 科学栽培管理降温**

（1）应使用滴灌小水勤浇，以湿控温。在炎热的夏季，为降低地温，可经常灌水，在湿度较高的情况下，气温增长幅度小，因此营造较低的温度和湿润环境，可避免病害发生，改善植株长势。漫灌水量不宜过大，以水流到地头为宜，保持田间湿润。

（2）加强设施通风降温。为降低棚室温度，不仅要打开上风口，还要将前沿的薄膜提起来，但是在防风的同时要使用40～60目防虫网，防止害虫迁飞进棚。若周边粉虱较多则必须使用60目防虫网。

（3）保留下部叶片，遮阳降温。炎热天气温度高、光照时间长，若仍采取常规摘叶措施，势必造成地温过高的现象，而地温过高不仅影响根系的正常生长发育，还会因土壤中微生物活动剧烈造成气害，出现“烘”了叶子的情况。下部叶片不摘除，可起到遮光降温的作用，从而使地温相对稳定，不会过高。

（4）打顶不打叶。番茄、辣椒等作物打顶时不能像平时一样“去头”，将顶部叶片一同打去，现阶段打顶仅仅去除顶部生长点即可，要保留3～4片叶子形成“遮阳伞”，防止顶部果实发生日灼。

（5）应用抗逆剂提高植株抗逆能力。为提高高温环境下植株的抗逆能力，可使用碧护、腐殖酸等物质，于叶面或根部施用，激活植株潜能，降低不良环境的影响。

# 第六章　高湿寡照

## 第一节　玉　　米

随着全球气候变化，玉米生长季气象灾害频发，高湿寡照已成为天津市玉米生产的主要非生物灾害之一。每天日照时数不大于3 h，连阴天达 7 d 以上为一个高湿寡照过程。阴雨、弱光及复合胁迫使玉米根系生理指标和产量显著降低，尤其以复合胁迫下降幅度最大。抽雄吐丝期高湿寡照，不利于开花授粉，造成花粉粒活性降低，灌浆期高湿寡照，导致玉米早衰，影响玉米灌浆速率，造成粒重降低。高湿寡照天气下玉米早衰和病害情况见图 6－1 和图 6－2。

应对高湿寡照天气的措施如下。

有积水的地块，应尽快排除积水，清洗叶片上的淤泥，清除倒折植株。中耕松土，破除板结，可促进土壤水分蒸发，有利于土壤微生物活动，加速有机质的分解，提高土壤养分活性，改善营养条件，促使玉米生长良好。

对处于抽雄吐丝期的玉米，可以喷施促开花结果类植物生长调节剂，结合人工辅助授粉，提高玉米授粉结实率。

图 6-1　高湿寡照天气玉米早衰情况

图 6-2　高湿寡照天气玉米病害情况

对处于灌浆期的玉米，应及时增施速效氮肥，改善植株营养状况，防止早衰，促进玉米灌浆；同时，也可以喷施提高植物活性的或促生长类的植物生长调节剂，提高玉米灌浆速率。另外，应做好病虫害的监测，及时综合防治病虫害。及时收获，减少因高湿寡照造成的烂籽腐穗，确保产量和品质。

## 第二节　棉　　花

天津市 5 月至 7 月中旬阶段干旱天气出现概率较高，

7 月中下旬至 8 月中下旬高湿寡照天气也较为频繁，特别是当棉田受到长时间干旱胁迫后，棉田花铃期又持续受高湿寡照天气影响，棉株长势呈现如下特点：一是前期干旱会导致棉株营养生长受到抑制，果节数降低；二是前期蕾、铃脱落现象较重，且由于果枝横向生长受到抑制，中部及中上部果枝内围果节蕾、花脱落率提高。上述棉株长势特点会造成棉花中下部果枝的生殖生长对养分的消耗减弱，因此，棉田管理需要特别注意高湿寡照天气下棉花上部果枝营养体旺长问题（图 6－3）。

图 6－3 高湿寡照天气上部果枝营养体旺长状

建议重点管理措施如下。

**1. 根部追肥措施**

底肥未施用氮缓释型肥料的棉田，且未追肥的棉田，可结合降水根据基础地力情况酌情施用尿素5～7.5 kg/亩（忌过量施用速效氮肥）。底施氮缓释型肥料的棉田，不需追肥。

**2. 叶面喷肥措施**

干旱影响棉株对土壤养分的转移吸收，可每隔7～10 d喷施叶面肥（1％的尿素＋0.5％磷酸二氢钾），结合化控、治虫等措施连续喷施2～3次，根部追肥措施和叶面喷肥可同时进行。

**3. 化控措施**

根据棉田长势情况，一般打顶前后应进行1次化控，缩节胺化控量2～4 g/亩。打顶前旱情未缓解少喷，2 g/亩左右即可，打顶前后旱情缓解一般应按4 g/亩左右喷施。一般打顶后10 d左右再进行1次缩节胺重控，化控量建议为4～8 g/亩，缩节胺喷施量掌握的原则同样应根据棉田旱情缓解和长势情况确定。特别注意，雨后棉田旱情缓解，要及时加强化控措施。

**4. 加强盲蝽的防治**

注意加强对盲蝽的防治，特别是旱情缓解后上部果枝有旺长趋势的棉田，必须化控措施与盲蝽防治同时加强。防治盲蝽应于傍晚或清晨施药，且应加强统防统治，以提高防治效果。

# 第七章　洪　　涝

## 第一节　玉　　米

7月下旬至8月上旬为天津市盛汛期，这一时期极易发生洪涝灾害，玉米一般淹水4 d减产20%以上，淹水7 d植株死亡。对受淹田块应尽快组织排水，尽量减少玉米受淹时间，退水后要尽快清沟排渍，降低田间湿度。这一时期天津市春玉米大多处于抽雄开花期至灌浆期，夏玉米大多处于大喇叭口期至抽雄开花期。玉米受涝灾情况和洪涝灾害后倒伏情况见图7-1和图7-2。

图7-1　玉米受洪涝灾害状

图 7-2　玉米受洪涝灾害后倒伏状

## 一、根据玉米淹水和倒伏程度，采取的管理技术措施

### 1. 淹水时间较短且有零星倒伏的田块

（1）及早中耕散墒，破除板结。中耕散墒可以改善土壤通透性，促进土壤散墒透气，改善根际环境，促进根系生长。

（2）补追氮肥。此时期玉米进入需肥高峰期，可视植株长势，酌情追施尿素 10～15 kg/亩，促进玉米生长。

（3）喷施叶面肥或植物生长调节剂，如喷施磷酸二氢钾、碧护（每亩3 g兑30 kg水）等促进植株尽快恢复正常生长。

（4）病害防治。雨后，由于田间湿度大，作物生长衰弱，抗逆性降低，倒伏玉米叶片、茎秆损伤，易诱发玉米螟、叶斑类病害、根部腐烂等多种病虫害；雨后暴晴，极易引起玉米细菌性茎腐病发生，还应注意防治玉米螟、黏虫、草地贪夜蛾等害虫，控制病虫害发生蔓延，防止灾上加灾。

**2. 倒伏程度较轻和较重的田块**

对玉米倒伏较轻（茎与地面夹角大于45°）的田块，利用植株自身的调节能力可自然恢复直立生长，不必人工扶植；对倒伏严重的，视墒情及时采取人工扶植、培土措施。

**3. 以根倒为主的田块**

要及时将被淤泥粘连的玉米叶片挑开，处于小喇叭口末期的玉米，尚可以自行恢复直立生长，但此类玉米生长受到了明显影响，发育进度显著落后于正常地块，玉米黄弱、矮小，须加强管理。

## 二、根据玉米不同生育进程，采取的管理技术措施

**1. 大喇叭口期**

大喇叭口期后遇到洪涝灾害发生倒伏，植株失去

了恢复直立生长的能力，应当人工扶起并培土使之牢固。严重倒伏的，可多株捆扎。加强管理，促进生长。待晴天及时扶正植株，培土、中耕、破除板结，使根系尽早恢复正常生理活动。加强病虫害防治，防止玉米果穗霉烂。

**2. 乳熟中期以前**

对于乳熟中期以前茎折严重的地块，可将玉米植株作为青贮饲料。

**3. 乳熟后期**

乳熟后期茎折的地块，果穗可用作鲜食玉米。

**4. 蜡熟期**

蜡熟期茎折的地块，加强田间管理，待成熟收获。

预计减产 20%以上的地块，建议综合考虑成本，可毁种，改种其他应季作物。

## 第二节　水　　稻

暴雨对水稻的危害程度取决于淹水时间、水的深度、水温高低及水质和流速等综合因素。受洪涝灾害后应积极采取涝后补救管理以减少损失。稻田受灾后积水情况见图 7－3。

稻田水层不超过 30 cm，短期内无需排水；水层超过 30 cm，需及时排出田间积水、降低水位，并应及时追施

图 7-3　稻田受灾后积水情况

尿素 3～5 kg/亩，补充因排水造成的肥料流失。

受淹时间较长绝收的稻田，应及时改种生育期较短的作物，包括夏玉米、甘薯、黄豆、绿豆等，要适当增加种植密度、加强肥水管理，做到以密补迟、以肥补迟、以管补迟，提高改种作物的产量和效益。

灾后田间湿度大、病虫基数高、植株抗性下降，非常有利于多种病虫发生危害。为避免发生“灾后灾”，主要防治“二虫三病”，即稻飞虱、二化螟、纹枯病、稻瘟病和稻曲病。同时，暴雨过后，淹水时间过长的田块，水稻细菌性基腐病、细菌性条斑病等非常发细菌性病害均有可能暴发，也要注意防控。

# 第三节 棉　花

进入汛期后，降水比较集中，棉田渍涝灾害为天津市棉田常发性气象灾害，灾害形成期基本均为棉田的花铃期，也为产量形成的关键期。大量降水和长时间积涝，造成土壤养分大量流失和土壤水分长期饱和，严重时甚至会影响棉花的根系发育，造成棉田倒伏、病害和早衰情况加重（图 7 - 4）。棉花成铃率大幅度降低，烂铃率升高，对棉铃发育影响较大，棉田整体铃重下降，从而影响棉花单位面积产量。

图 7 - 4　长时间渍涝下棉株现萎蔫状

雨涝灾害发生后主要技术措施如下。

**1. 及时抢排棉田积水**

雨涝灾害发生后应及时采取措施排尽棉田内积水，以防因长时间积水影响棉花根系。

**2. 适时扶正倒伏棉株**

对于暴雨后棉株倒伏的棉田，要在积水排除后，及时抓住土壤不干不湿的时机抢扶棉株。

**3. 受涝棉田要施肥促生长**

受涝棉田在萎蔫消除、根系吸肥能力开始恢复后及时施肥促生长，可每亩施用尿素 10 kg、硫酸钾 2.5～3.5 kg。

**4. 适时推迟化控**

受涝棉田发育延后，灾后要以促为主，促控结合，适时推迟化控时间。

**5. 加强病虫害防治**

黄萎病重发棉田，待雨后天气好转（8 h 不降水），每亩喷施乙蒜素（5 mL）＋碧护（3 g）＋N、P、K 叶面肥，7～10 d 喷施 1 次，促使棉株尽快恢复生长，提高对病害的抵抗能力。另外，阴雨天气有利于盲蝽和伏蚜发生，要加强防治，可用氟虫腈和吡虫啉进行防治。

**6. 增强棉田通风透光**

对于部分积涝造成蕾铃脱落较重的棉田，后期易出现赘芽疯长、田间郁闭的情况，进而影响后期成铃，应去赘芽，使棉田通风透光并加强后期的化控管理。

# 第四节 设施蔬菜

暴雨、渍涝主要影响设施蔬菜的露地生产阶段，特别是露地辣椒、瓜类果蔬和草莓种苗，这几类果蔬根系再生能力弱，暴雨后棚室内积水严重时（图 7 - 5），受到长时间水淹的影响，轻则出现早衰现象，重则出现炭疽、根腐、枯萎、软腐等病害及“死棵”现象，需要加强田间管理。

图 7 - 5 暴雨导致棚室内积水

**1. 及时排除田间积水**

及时疏通田间沟渠，排除田间积水，尽可能使根系淹水时间不超过 24 h。

**2. 暴雨过后做好浇灌工作**

必要时可在雨后用地下井水灌根 1 次，防热雨伤害。

同时，为防止暴晴、暴晒导致暴死现象发生，尽量做到天凉、水凉、地凉时灌根，使温度降低，减轻高温对根系或其他器官的直接伤害。

**3. 培土扶苗**

及时培土，轻微扶正，使倒伏的蔬菜尽快恢复直立生长。

**4. 及时喷施叶面肥**

高温季节暴雨过后，蔬菜根系吸收水肥的能力减弱，应及时喷施叶面肥，可用磷酸二氢钾喷施叶面，促进根系恢复生长和吸收养分。

**5. 喷施药剂防病害**

露地辣椒和草莓苗在雨后易发生炭疽病，天放晴时可及时摘除老叶、黄叶，并于叶面喷施百菌清、代森锰锌、代森联等保护性药剂以预防病害，也可将保护性药剂与叶面肥一起喷施，防病促发根。如发现炭疽病病斑，立即喷施内吸性的杀菌剂，如咪鲜胺、氟硅唑等进行防治。

# 第八章　风　　雹

## 第一节　玉　　米

每年的4—6月是天津市发生冰雹灾害次数较多的时期。冰雹灾害是由强对流天气系统引起的一种剧烈的气象灾害，来势猛、强度大，并常常伴随着狂风、强降水、急剧降温等阵发性灾害天气。直径较大的冰雹会对农作物造成毁灭性破坏，重则导致颗粒无收。由于天津市春玉米播种期较长（4月中下旬至6月上旬），在4—6月，田间同时存在处于苗期、拔节期、大喇叭口期、抽雄吐丝期、灌浆期的春玉米，冰雹对不同生育时期的春玉米均有不同程度的损害（图8-1）。夏玉米一般在6月中下旬刚刚播种，此阶段的冰雹灾害对夏玉米影响不大。

针对不同生育时期玉米受害程度，建议灾后进行以下管理。

**1. 毁种玉米或改种其他应季作物**

根据不同生育时期玉米的受害程度，采取不同的毁种措施。

图 8-1 冰雹灾害后玉米受损情况

（1）苗期。处于苗期的玉米心叶没有受到严重伤害，不需要毁种。

（2）拔节期至抽雄期。处于拔节期至抽雄期特别是大喇叭口期以前的玉米，雌雄穗和部分叶片尚未抽出时遭受雹灾，只要未抽出的叶片没有受损伤且残留根茬，及时中耕、施肥，加强田间管理，一般仍可获得较好收成，不建议毁种；若处于大喇叭口期以前的玉米心叶受到破坏，或心叶未受损但下部叶片受到严重破坏，地块预计减产40％以上，建议综合考虑成本，毁种玉米或改种其他应季作物。

（3）抽雄期至灌浆期。抽雄期后的玉米遭受雹灾，植株恢复生长的能力变差，对产量影响较大。被冰雹砸断穗节的玉米不能恢复生长，建议毁种玉米或改种其他应季作物；如果玉米穗节完好，预计减产40%以上，建议综合考虑成本，毁种玉米或改种其他应季作物。

**2. 加强田间管理**

（1）未倒伏地块的田间管理。凡茎秆折断不多、多数叶片未被打掉的未倒伏玉米田，尽管叶片被撕裂，但还可进行光合作用，只要加强管理，就可获得一定收成，应予以保留。可抓紧中耕散墒，追施速效肥料，加强病虫害防治，促进恢复生长，尽量减少损失。

① 及时排水。对于积水较多的地块，及时排水散墒。中耕松土可以破除板结，增加土壤通透性，改善玉米根际生长环境，尽早恢复根系的正常生理活动。

② 追施速效肥或喷施叶面肥、植物生长调节剂。根据植株长势，适当追施速效氮肥，追施尿素5～10 kg/亩。也可喷施叶面肥或植物生长调节剂，如每亩用磷酸二氢钾100 g兑45 kg水进行叶面喷施，每隔7～10 d喷施1次，连续喷施2次；或喷施植物生长调节剂碧护（每亩3 g兑30 kg水）促进植株尽快恢复正常生长。

③ 喷施杀菌剂。应及时用10%的苯醚甲环唑水分散粒剂2 000～3 000倍液整株喷雾，进行植株伤口消毒，以减少病菌侵染。

（2）倒伏地块的田间管理。发生倒伏的地块，要根据具体情况，采取相应的田间管理措施。

① 及时人工扶植。对倒伏较轻的玉米（茎与地面夹

角大于 45°），植株自身的调节能力可使其自然恢复直立生长，不必人工扶植；对倒伏严重的，视墒情及时进行人工扶植、培土。

② 及时清理叶片。以根倒为主的田块，要及时将被淤泥粘连的玉米叶片挑开，或用镰刀割断被淤泥掩埋的叶片，帮助植株尽快恢复直立生长。倒伏后心叶内淤入部分泥沙的玉米，灾后可用镰刀割除淤入泥沙的心叶部分，帮助后续叶片抽出。但割除叶片越少越好，且不要伤及植株顶端生长点。

③ 及时清理茎秆。茎折的植株不必人工扶植。茎秆折损严重或多数叶片被冰雹打掉的田块，应立即将玉米秆割掉喂畜或深翻压青，翻犁整地，改种其他应季经济作物，增加收入，弥补损失。

虽然倒伏后的玉米可以自行恢复直立生长，但此类玉米生长发育进度显著落后于正常地块的玉米，玉米植株黄弱、矮小，须加强水肥管理及病虫害防治。

**3. 毁种玉米品种推荐及注意事项**

（1）选用适宜品种。毁种玉米的地块需选用早熟夏玉米品种，如天塔 619、京农科 728、华农 138 等；鲜食玉米，如金冠 218、金帅、彩甜糯等；或青饲玉米，如沃玉 3 号、纪元 128、郑单 958 等。

（2）抢时抢墒播种。前茬处理完立即播种，毁种夏玉米的地块最迟应在 7 月 5 日之前完成播种，毁种鲜食玉米的地块最迟应在 7 月 15 日之前完成播种，毁种青饲玉米的地块最迟应在 7 月 10 日之前完成播种。

（3）合理施用底肥。对小喇叭口期之前需要毁种玉米的地块，不需要施用底肥；对小喇叭口期至抽雄期需要毁种玉米的地块，底肥需减半施用；对抽雄期后需要毁种玉米的地块，建议正常施用底肥。

## 第二节　水　稻

天津市每年都会遭受不同程度的风雹灾害，给农业生产造成很大影响。风雹过后，应根据水稻受灾情况，及时采用灾后补救技术，加强田间管理，促进水稻尽快恢复正常生长，最大限度减少损失。稻田风雹灾害情况见图 8-2。

图 8-2　稻田风雹灾害

对于稻田风雹灾害可采取以下应对措施。

水稻在有效分蘖终止至拔节孕穗期，可适当多施穗肥促大穗，并配施钾肥壮秆防倒伏，增强田间抗性。

适时喷施磷酸二氢钾溶液、尿素溶液或芸薹素内酯等植物生长调节剂，促进水稻正常生长发育。

确实受灾严重绝收地块应及时改种生育期短的作物。

## 第三节 棉 花

天津市雹灾在 5 月至 6 月中下旬出现概率较高，棉株一般处于苗期或蕾期阶段，棉田苗期如遇雹灾、40%左右生长点被砸掉，可以考虑毁种，改种其他作物；棉田蕾期如遇雹灾，除非遇到主茎生长点或 50%以上腋芽生长点被砸掉的极特殊情况，否则不建议毁种。棉田蕾期遇雹灾顶尖和叶片情况见图 8－3，留新芽管理后期成铃情况见图 8－4。

雹灾后主要减灾管理技术措施如下。

**1. 浅中耕松土**

及时浅中耕松土，破除土壤板结，促根系活力恢复。

**2. 生理调节，促营养体重建**

每亩追施速效氮肥 5～10 kg，底肥中钾肥不足的棉田，每亩同时追施钾肥 5 kg，同时茎叶喷施芸薹素内酯等植物生长调节剂，促进营养体快速重建。

图 8-3　棉田蕾期遇雹灾顶尖和叶片全部损毁

图 8-4　蕾期雹灾顶尖和叶片损毁棉田留新芽管理后期成铃情况

**3. 加强整枝**

断头棉株，留主茎上部2～3个健壮新芽代替顶芽生长，及早去除其他新生芽。所有棉株都要及时抹除赘芽，防止棉株疯长。7月15—20日，新留枝打顶。

**4. 注意虫害防治**

灾后新生枝叶幼嫩，易受蚜虫危害，中后期则应注意防治盲蝽。

**5. 推迟并重施花铃肥**

棉田因灾生育期整体后移，花铃肥施用时间也要相应适当延后，对底施缓控释肥的棉田要根据棉田长势情况，在花铃前期或中期追施尿素5～10 kg/亩。

**6. 科学化控**

新留果枝现蕾后及时化控，化控量根据气候、棉田密度、长势等情况具体掌握。一般第1次化控，每亩用缩节胺1～1.5 g，之后根据棉田具体长势和气候等情况，一般间隔10～15 d进行1次化控。要特别注意新留枝打顶前和打顶后10 d左右必须进行化控，打顶前每亩用缩节胺3～4 g，打顶后每亩用缩节胺4～6 g，打顶后上部果枝正常伸展开后，若缩节胺化控效果不明显仍有旺长趋势，必须继续加强化控，缩节胺以能够控制住旺长趋势为宜。

# 第九章　阴雪雾霾

## 设 施 蔬 菜

阴雪雾霾天气在天津市冬季出现频繁，且影响持续期较长，是天津市冬季设施蔬菜生产最常发的气象灾害。预防措施如下。

### 一、连阴雪天气到来前的准备

农户在常看天气预报及时了解连阴雪天气的前提下，要进行一系列准备以应对连阴雪的极端天气。在下雪时要防风保温，日光温室大棚晚上放下棉被后，尽量在棉被上覆盖防雪膜，减少因雪水融化造成棉被受冻，白天要卷起棉被，以尽可能增加棚内散射光。

**1. 棚室保温管理措施**

（1）地面铺秸秆提温降湿。在棚室操作行内铺设作物秸秆好处较多：一方面可提高棚室内的温度，具有保温和增温的效果；另一方面可有效降低棚室内的湿度，降低蔬菜感染病害的概率（图 9－1）。

棚室蔬菜铺设作物秸秆具体操作如下。

图 9-1　地面铺秸秆提温降湿

第一，选择适宜的作物秸秆。对于华北粮食产区来说，小麦、玉米、水稻等禾本科作物的秸秆具有纤维素含量丰富、秸秆柔韧性好、吸附性好的特点，都可铺设于棚室内。这些秸秆通过高温或微生物作用发酵处理后，还可以作为优质农家肥。

第二，高温暴晒秸秆。作物秸秆上面常附着或寄生着害虫的虫卵或病原菌，应选择晴好的天气，将作物秸秆铺放在平整的土地或水泥地面上充分暴晒 2～3 d，其间要用铁叉翻晒，使作物秸秆得以充分干燥。

第三，药物喷雾处理。将充分暴晒后的作物秸秆平摊后，选用 1 000 倍的高锰酸钾溶液或 50%的多菌灵可湿性粉剂500倍液，加入辛硫磷，混合均匀后，对作物秸秆喷淋，可以进一步消灭秸秆上残存的害虫或病菌。之后将作物秸秆整齐码垛，上面覆盖塑料薄膜闷2 d后，就可将秸秆直接运到棚室，铺放于操作行内。

（2）顶风口设置挡风膜防冷风直吹。在顶风口下设置挡风膜，能避免放风时冷空气直接吹到放风口下的蔬菜，导致蔬菜叶片或果实表面的温度及干湿度发生剧烈变化，造成蔬菜叶片“干边”、果实“皴皮”等不良现象。挡风膜对放风口下的蔬菜生长能够起到很好的保护作用。

安装方法：将宽度为2.0～2.2 m的挡风膜的两侧利用粘膜机粘一条1.0～1.5 cm的穿丝套，然后上侧穿丝套中穿一根比温室长度长2～4 m的钢丝，固定在通风口下南边30～40 cm处，再将钢丝固定在温室两端最外侧的拱架钢管上，抻紧。每隔15 m再使用铁丝将挡风膜的钢丝与温室面上的钢丝或钢管固定一下，防止挡风膜中间下垂。挡风膜下部使用与温室长度等长的钢丝，穿在挡风膜穿丝套内，抻紧，固定在温室后立柱上即可（图9-2）。

（3）前底脚防寒膜保温防寒。在棚室内前底脚设置防寒膜可避免棚室南端作物受冷空气侵害，起到缓冲作用。

安装方法：挡风膜长度应与棚室长度相等，宽度为1.2～1.5 m，挡风膜上部可用夹子与钢丝绳固定，夹子间距为1.5 m，悬挂高度为1.1～1.4 m，下部自然下垂后用砖压严。图9-3为温室内挡风膜和前底脚防寒膜。

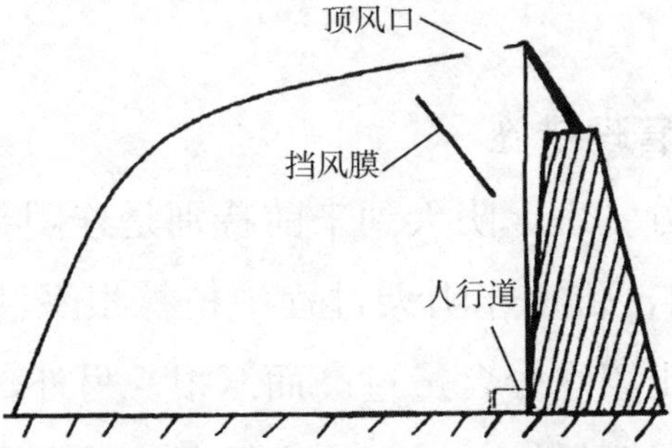


图 9-2　顶风口设置挡风膜

图 9-3　温室内悬挂 2 层膜增温

(4) 设置防寒沟。冬季温室生产设置防寒沟可将温室内温度提高 2 ℃，操作方法如下：在棚室南端外部前沿挖一个 30 cm 宽、60 cm 深的沟，填上草或秸秆，覆上棚膜，棚膜四周用砖压严。

注意事项：需人工揭盖草苫（保温被）的温室在操作

过程中注意不要踩踏防寒沟，以防经常踩踏导致防寒沟失效。

**2. 田间管理措施**

（1）水分管理。阴天到来前特别是连阴天到来前 1～2 d 停止浇水，防止连阴天过程中植株根系活力弱、蒸腾作用弱造成土壤水分含量过高而沤根。另外，连阴雪天过程中棚室内温度低、通风少、土壤湿度过大也会增加空气湿度，从而提高植株发病率。

（2）植株调整。阴天到来前把一部分侧枝、老叶打掉，可以减少田间总叶面积，降低阴天过程中的养分损耗，而且在阴天期间田间平均光照度会好一些，有利于植株抵御恶劣环境。挂果的植株可尽量疏果，将可以采摘的果实摘下，减少植株上的挂果数，在阴天过程中为植株减轻负担。如黄瓜正常留瓜为大、中、小 3 个瓜，而在连阴天过程中可留 2 个瓜，甚至只留 1 个瓜。

（3）病害预防。阴天到来前 1～2 d 要喷药 1 次，主要是喷施保护性的杀菌剂，防止在阴天过程中病菌感染。在此过程中要添加叶面肥，叶面肥类型为能量型叶面肥，包括糖、氨基酸、生物菌发酵液等，而不是 N、P、K 叶面肥，原因是在连阴天过程中植株需要的 N、P、K 量很少，根系吸收的 N、P、K 可满足植株维持生长的需要，所以叶面肥可提供足够能量的物质即可，同时还可增强植株抗病性。

## 二、连阴雪天过程中的应对措施

做好棚室积雪清理工作，避免积雪过厚造成大棚墙体坍塌。对于老旧温室或骨架已变形的温室，要采取支立柱的方式加固，以免积雪压塌温室。由于积雪融化会降低棚内温度，因此要做好棚内增温工作。有条件的要充分利用电热风机、增温增肥燃烧块、电暖器等进行临时加温，保证棚室内最低温度不低于 8 ℃。

**1. 棚室环境管理措施**

（1）加固棚室结构，及时清洁棚膜。对棚室墙体、骨架、压膜线等设施进行全面加固，提高棚室抗风雪能力。遇大雪天气要及时清理设施积雪，防止棚膜破损和设施坍塌（图 9－4），增加进入棚室内的散射光。破损棚膜及时

图 9－4　强降雪压塌棚室

更换，坍塌设施及时修复，防止灾情进一步扩大。

（2）临时增温措施。如遇到突然降温的情况，可在棚室内采取使用“热宝”燃烧块（图 9－5）、热风炉等临时增温措施。“热宝”燃烧块形状、大小和蜂窝煤差不多，由木屑和石蜡压制而成，是一种节能环保的增温产品，燃烧时略有气味，在低温高湿情况较为严重的黄瓜和番茄生产棚室，可于 22 时和凌晨 3 时用 2 次，每亩用 10 块，可增温 3 ℃左右。

图 9－5 “热宝”燃烧块

（3）光照管理。第一，揭盖草苫（保温被）。只要不下雪，在其他天气条件下（如下雨、雾霾等），都要尽量揭开草苫（保温被），让散射光进入棚室内。原则上，揭草苫

(保温被)在温度低时晚揭早盖，温度不低时按时揭盖。

第二，张贴反光幕（图 9-6）。反光幕的安装方法：沿棚室走道于后墙 2 m 处东西拉一道铁丝，将 1 m 宽的反光幕两幅按需用长度剪断，用透明胶带粘接成 2 m 宽的幕布，将幕布上端折回，包合铁丝，然后用透明胶带固定，形成自然下垂或稍向棚里面倾斜的幕布。

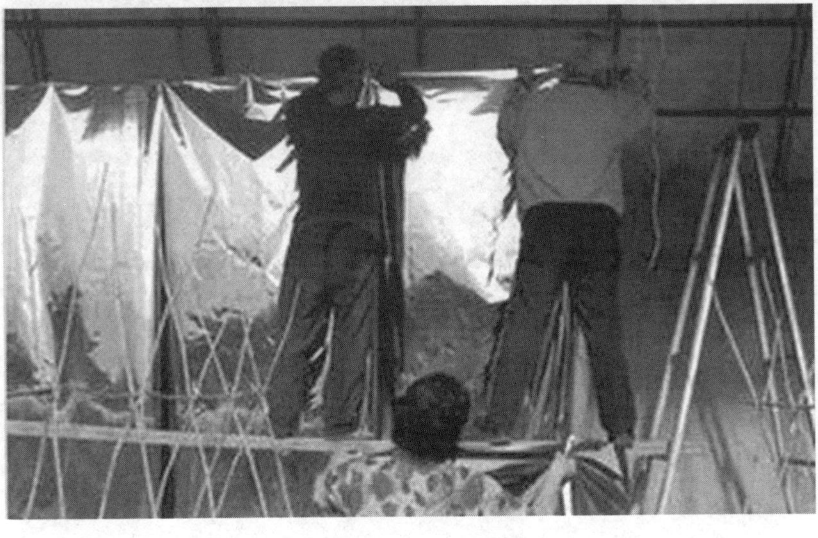

图 9-6　张贴反光幕

第三，悬挂补光灯。补光灯可提高棚室内光照，在连阴雪天具有较明显的效果。有条件的农户可安装高压钠灯和 LED 补光灯，补光原则为补光强度至少达到作物的光补偿点（图 9-7）。几种常见蔬菜的光补偿点：番茄、黄瓜、西葫芦为 3 000 lx，西瓜、甜瓜、辣椒、茄子为 4 000 lx，芹菜、草莓为 2 000 lx。

图 9-7 悬挂补光灯

棚室内补光灯按如下方法布置：种植作物为果菜类，灯距叶面 0.3～1.5 m，灯距 4 m，灯与墙距 2 m；种植作物为瓜类，灯距 3 m，灯距叶面 0.3～1.2 m，灯与墙距 1.5 m；种植作物为叶菜类，灯距 4 m，灯距叶面 0.3～1.5 m，灯与墙距 2 m。

注意：可根据作物不同生长阶段调整补光灯位置，植株越大，补光强度越高。

（4）放风、排湿管理。连阴天也要进行通风排湿，放风时间可根据棚室内温度调整。一般在 12:00—14:00 开风口，先开 5～8 cm，10～15 min，间隔 30 min 棚室内温度上升后再次放风10～15 min，连续2～3次。

为了更好降低棚室内湿度，可采用自然吸湿，即在操作行铺设稻草、秸秆、生石灰等。

**2. 植株调整**

阴天停止整枝、打杈等农事操作，晴天再进行，以防伤口感染。棚室内掉落的花瓣、老叶、枝杈要及时清理，降低染病率。阴天前未进行疏果的棚室，在连续3 d阴天且预报还会继续阴天时，要进行疏果操作，以减轻植株负担。

**3. 病害预防**

连阴天极易发生病害，多发病害有霜霉病、灰霉病、菌核病、疫病、蔓枯病及一些生理性病害如黄叶、干尖等。

（1）看天喷药防药害。采用药剂防治要看天气，在略晴天的上午喷药，喷药时应使用喷片较细或雾化较好的喷雾器。植株幼嫩部分不要喷多，更不能近距离直喷，原则为药液不下滴、不结大露点、盖棚前叶片不湿；尽量使用粉剂，而且用量应减半。

（2）降低药量和浓度。药量和浓度为平时的3/4，不要多种药剂混用，如无特殊病害要加大喷药间隔，比如由5 d喷施1次变为10 d喷施1次。

（3）阴天熏棚原则。熏棚应结合天气预报，如果熏蒸后第二天不能转晴则易发生药害。

（4）对症用药。此阶段病害、气害、肥害、药害、生理病害易混合发生，应确诊后对症处理。

## 三、连阴转晴后的应对措施

在降雪后如遇晴天，需要对温室大棚继续坚持低温管理，帮助作物逐渐适应温度升高和光照增强，避免作物出现生理萎蔫甚至死棵。久阴乍晴后，棚室内的蔬菜又出现了诸多问题，如黄叶、生理性萎蔫、阴天前浇水造成的沤根死棵、低温障碍、侵染性病害多发等。在低温高湿环境下，设施蔬菜易遭灰霉病等侵害，需做好相关病害的防控工作。尽量在风口下方设置挡风膜，防止放风排湿时冷风直吹作物；低温季节适当增施腐殖酸、黄腐酸、聚天门冬氨酸等可溶性有机肥料，有助于提高作物抗寒抗逆性。

### 1. 棚室环境管理措施

（1）光照管理。由于连阴天导致植株根系活力弱，叶片嫩弱，晴天后切不可急于增加光照，防止生理性萎蔫发生。连阴后骤晴时，可采用放“花帘”，即隔1～3个草苫揭开1个的方法，使蔬菜逐步见光，避免秧苗打蔫闪苗。如此反复数次或数天，揭苫数量由少到多，至蔬菜生长正常为止。使用卷帘机的棚户不要一下将草苫全部拉开，先少量卷起（1/3）为宜，使植株逐渐适应阳光，如发现植株萎蔫应盖上草苫，待植株恢复后再拉开，以后逐渐加量。

（2）温湿度管理。晴天后不要急于提温，连日的低温造成植株生理活动较弱，若突然提升温度，则会造成叶片蒸腾较快，根际温度无法迅速提升，根系活动弱、吸收能力低，容易造成生理性缺水，导致植株萎蔫甚至死亡（图 9－8）。进入正常管理后，在温度允许情况下尽量早揭和晚盖草苫，揭草苫时间应以揭开草苫后棚内温度不明显下降为宜，盖草苫时间应根据季节和室内温度而定，以在棚内温度降至 17 ℃时盖草苫为宜。

图 9－8 突然转晴造成番茄植株萎蔫

风口要及时打开，既保证通风量，不让棚内因蒸腾过大导致湿度过大，又不要开得太大，以防闪苗发生。风口开放规则仍为先开5～8 cm，10～15 min，间隔 30 min 棚室内温度上升后再次放风10～15 min，连续 2～3 次，待植株适应后且风口的开度可保持棚室内温度在 25 ℃左右时即可常开风口。

**2. 田间管理**

（1）水肥管理。控制水分，不要浇大水。很多农户在连阴天时连续多日控制浇水量，土壤含水量较低，如果突然给大水容易造成根际温度很低，且含氧量下降，从而导致根系腐烂。此时应浇小水，最好使用滴灌，且随水带肥，肥料应以氨基酸、甲壳素等能量物质为主。如发生生理性萎蔫，可叶面喷施芸薹素、碧护等进行缓解。

（2）整枝留果。晴天后可将前阶段生长出的杈子打掉，防止养分损耗。阴天过程中无论植株消耗营养还是果实消耗营养，都会造成茎叶虚弱，晴天后需经过 3～4 d 的光合作用充实茎叶，待茎实、茎粗时再留瓜留果。

## 四、灾后挽救措施

**1. 减少留瓜适当休息**

经历了 20 d 以上连阴天的蔬菜犹如大病了一场，植株长势很弱，虽然灾后菜价较高，但是一味留果实只会让蔬菜雪上加霜。因此，建议减少留果实数量，尤其是种植黄瓜、丝瓜等瓜类蔬菜的更应减少留瓜量。以黄瓜为例，1 棵植株上只留 1 支瓜即可，等植株长势恢复后再正常留 3 个瓜。

阴雪雾霾天气时，棚内湿度大，为了减少病害的发生菜农不敢整枝打杈，灾后，菜农应在晴好天气时及时将植株底部的老叶、黄叶、病叶打掉，茄果类蔬菜还需疏除过旺侧枝，以减少营养消耗，减轻植株负担。

**2. 快速恢复根系活力**

经过一段时间的连阴天，地温低，蔬菜根系活力差，灾后一段时间应以快速恢复根系活力为重点。要想提高根系活力，首先应提高地温，提高地温的措施较多，最简单有效的办法就是铺设地膜，尤其是白色地膜，增温效果显著，同时还可在操作行铺设作物秸秆，保温降湿。此外，菜农应注意棚室中植株的调整，尽早疏除下部老叶和病叶，增强植株间通风透光，以增加地面的受光面积，提高地温。菜农还可以通过提高棚温的办法，以棚温促进地温回升，如草苫要尽量早揭晚放，并经常擦拭棚膜，增加棚室的透光率和光照度。天气转晴后，菜农还应及时灌氨基酸类等养根护根肥料，促进根系生长发育。但须注意的是，天气转晴后不要急于浇水，若此时立即浇水，容易导致根系窒息，蔬菜叶片变黄，甚至落叶。应在植株长势恢复正常后再进行浇水，在浇水时最好冲施生物菌肥，以促进根系生长，增强植株的抗逆能力。

**3. 养护叶片以增强叶片光合能力**

灾后大多数蔬菜表现出叶片发黄的症状，有的甚至出现缺素症状，建议菜农在根系吸水吸肥能力较弱的情况下，可直接叶面喷施氨基酸类叶面肥配合中微量元素叶面肥，以延长叶片的功能期，防止叶片早衰，使每片叶片提供和积累最多的干物质，提高产量。灾后，棚室内湿度大，灰霉病、菌核病、细菌性病害等高发，菜农可在喷施叶面肥时加入相应的药剂，防治病害。

**4. 及时预防根部病害**

连阴天时，很多菜农在水肥管理上走向了极端。有些长时间不浇水，棚内干旱；有些则浇水施肥过大，伤根、沤根严重。根系一旦受伤极易感染根部病害。建议出现死棵的棚室最好用杀菌剂配合生根剂灌根。灌根后几天内要尽量不浇水，以防土壤中的药液浓度被稀释，影响防病效果。蔬菜需要浇水时，可在定植沟内溜小水，以水面到垄高的1/3处为宜。

**图书在版编目（CIP）数据**

种植业绿色防灾减灾技术手册 / 徐建坡，郭云峰，赖立松主编．—北京：中国农业出版社，2023.6
ISBN 978-7-109-30998-2

Ⅰ.①种… Ⅱ.①徐… ②郭… ③赖… Ⅲ.①种植业—灾害防治 Ⅳ.①F307.1

中国国家版本馆 CIP 数据核字（2023）第 142639 号

中国农业出版社出版
地址：北京市朝阳区麦子店街 18 号楼
邮编：100125
责任编辑：廖　宁　冯英华
版式设计：王　晨　　责任校对：吴丽婷
印刷：中农印务有限公司
版次：2023 年 6 月第 1 版
印次：2023 年 6 月北京第 1 次印刷
发行：新华书店北京发行所
开本：880mm×1230mm　1/32
印张：2.5
字数：50 千字
定价：20.00 元

版权所有・侵权必究
凡购买本社图书，如有印装质量问题，我社负责调换。
服务电话：010-59195115　010-59194918